AF422442

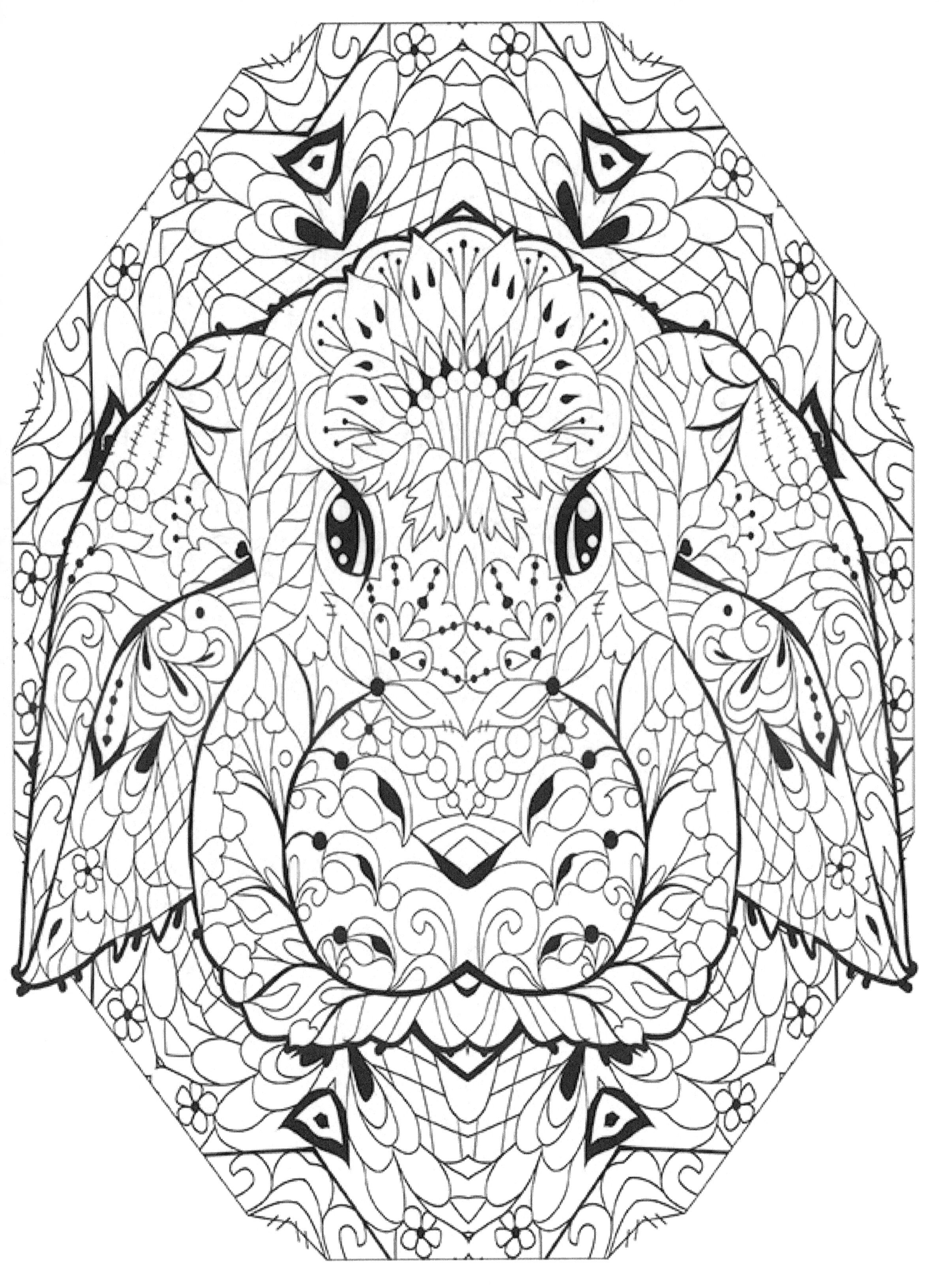

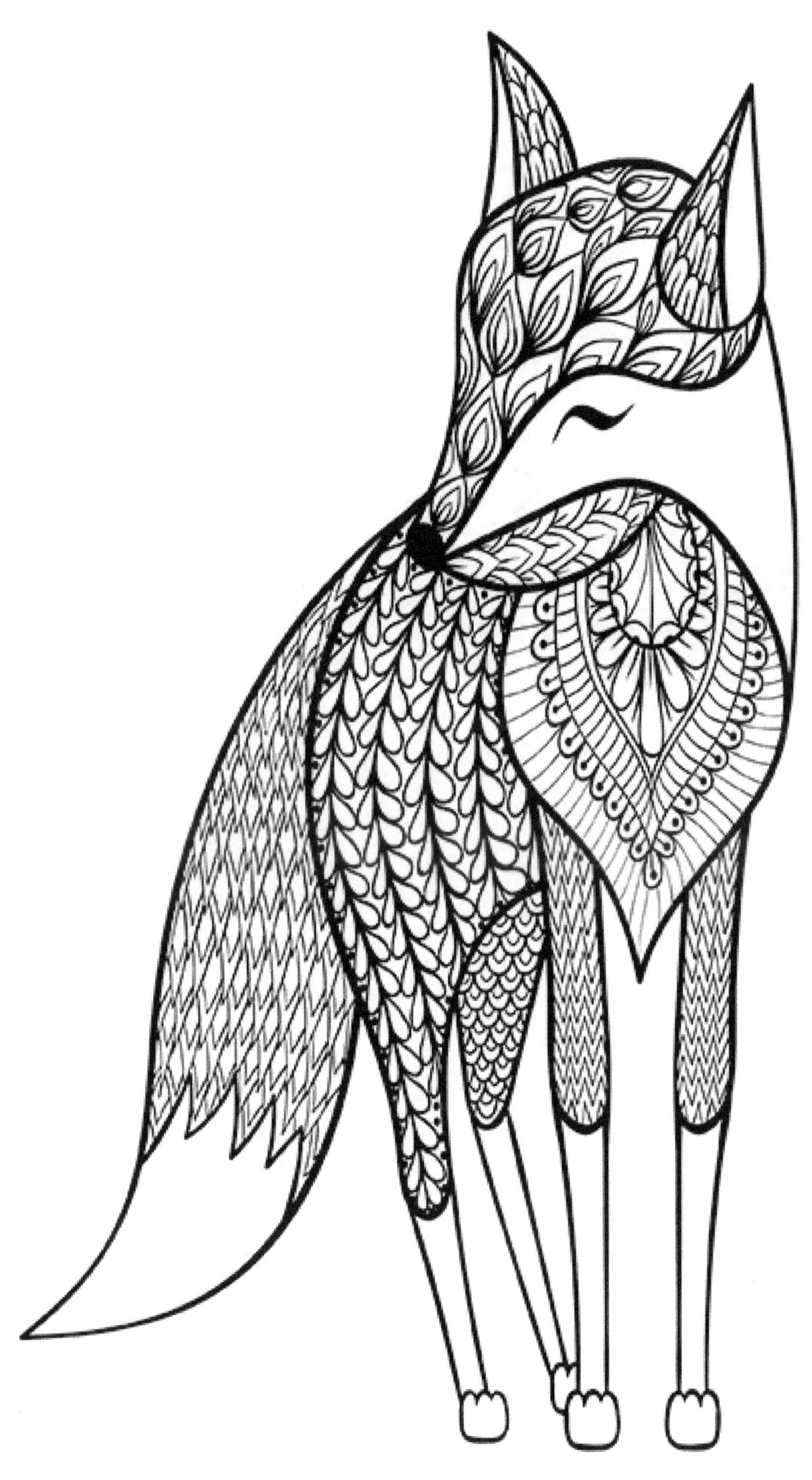

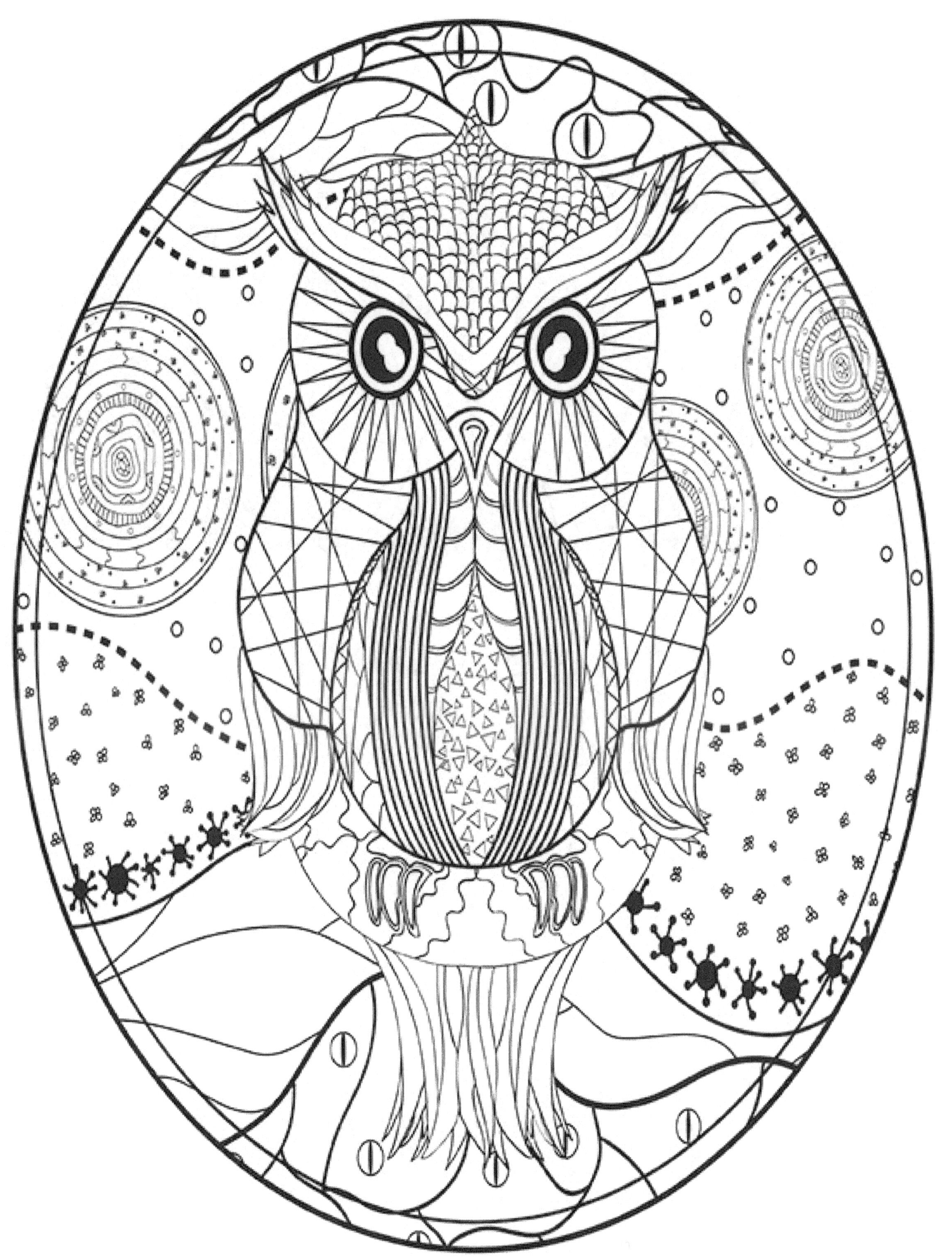

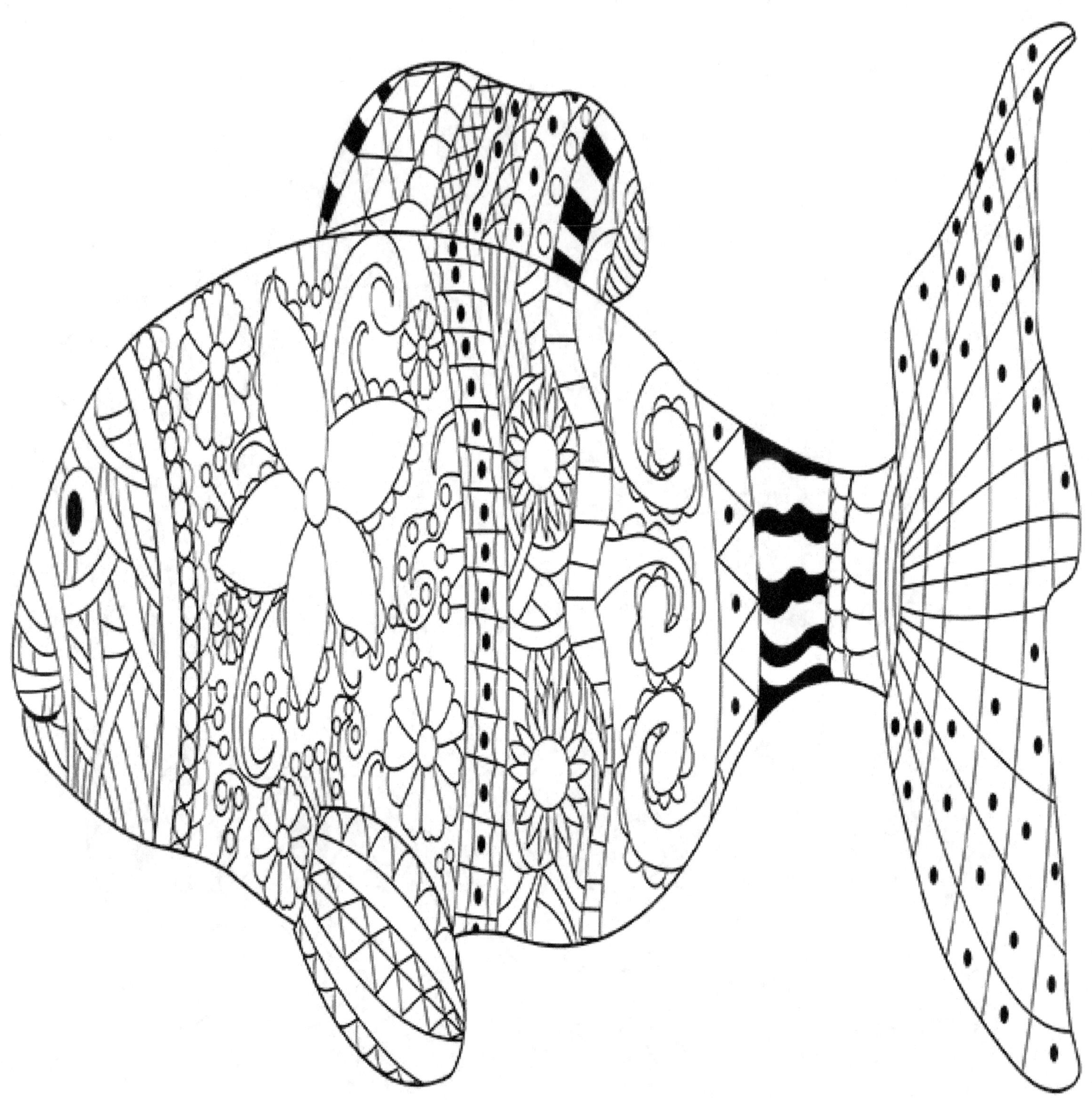

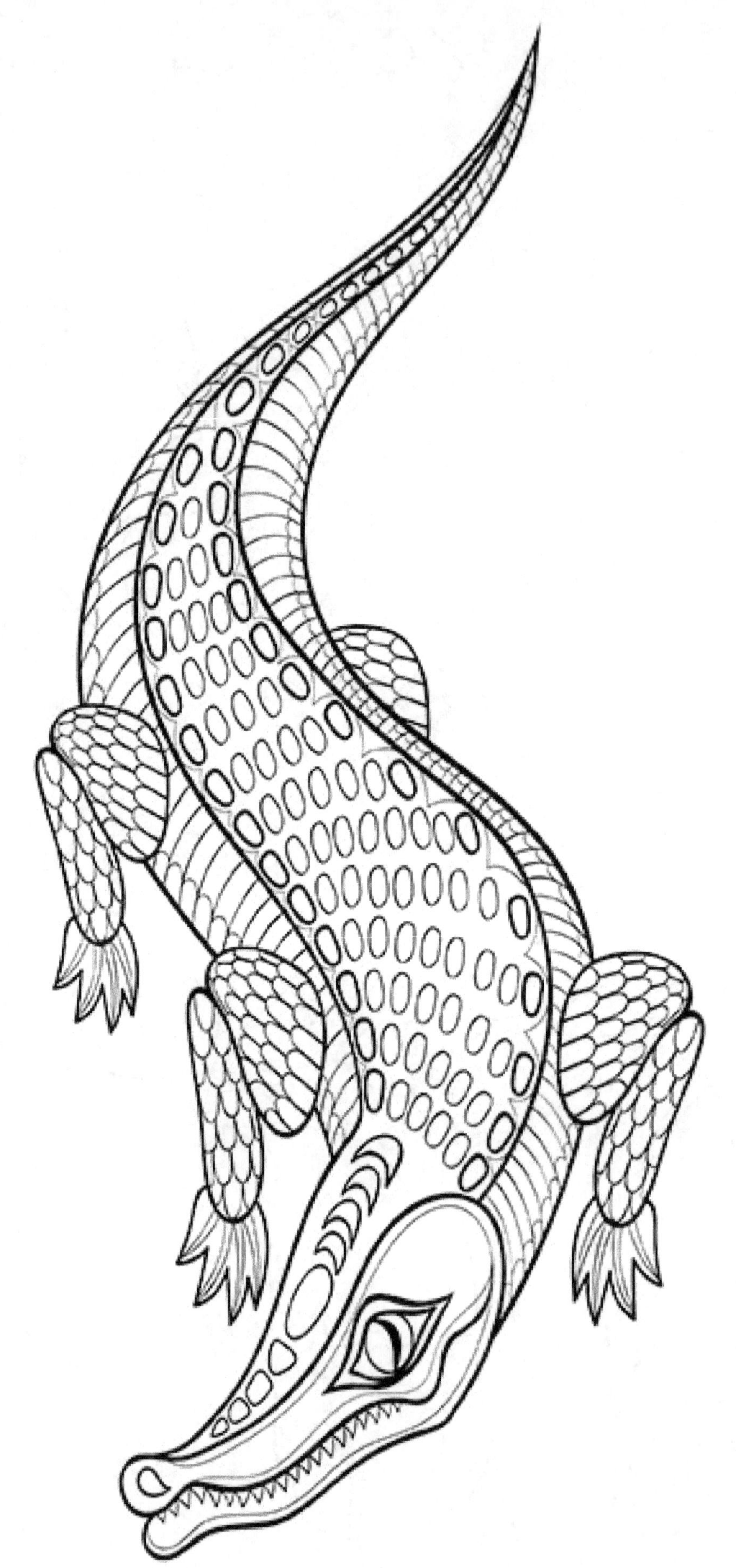

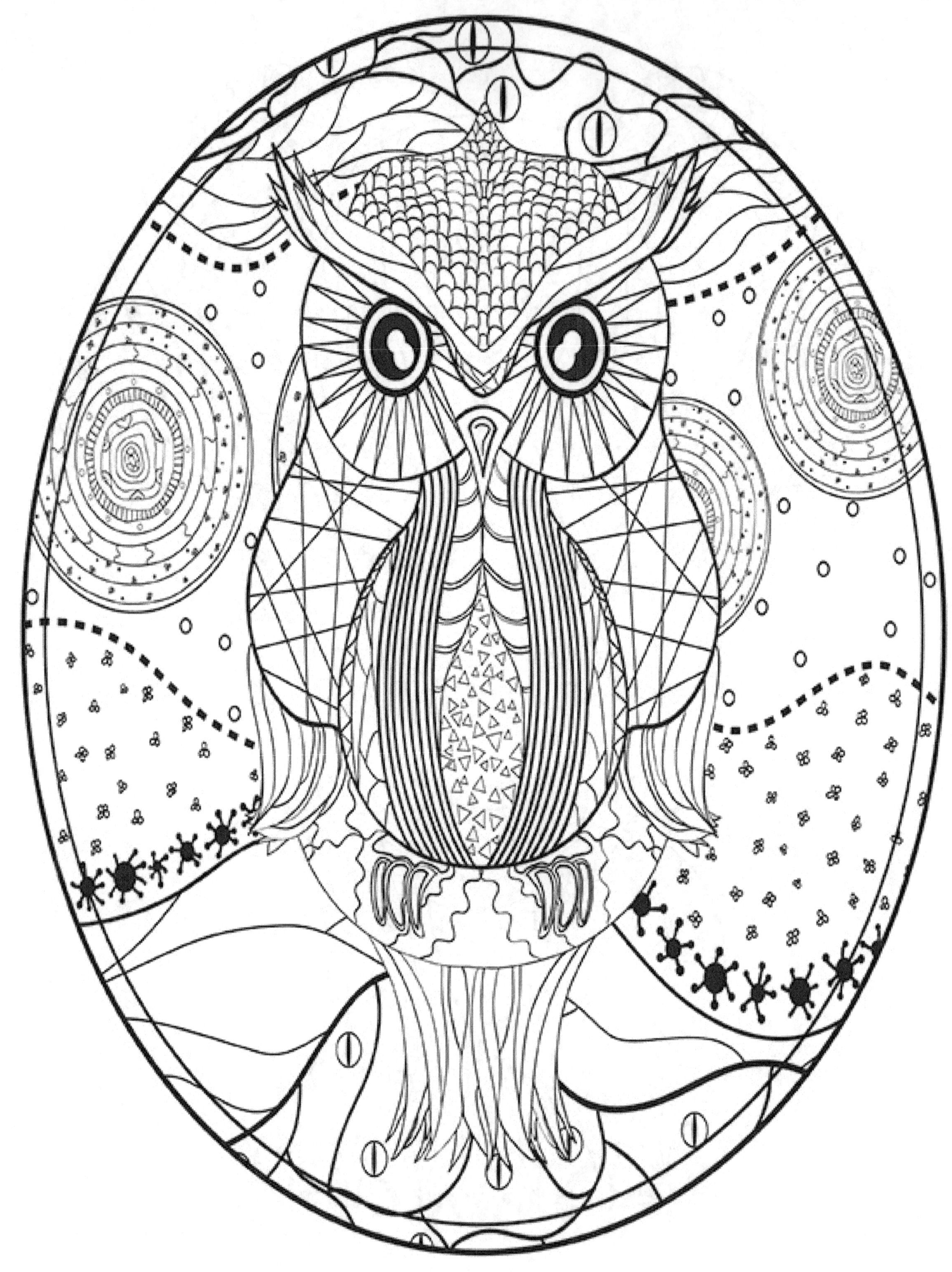

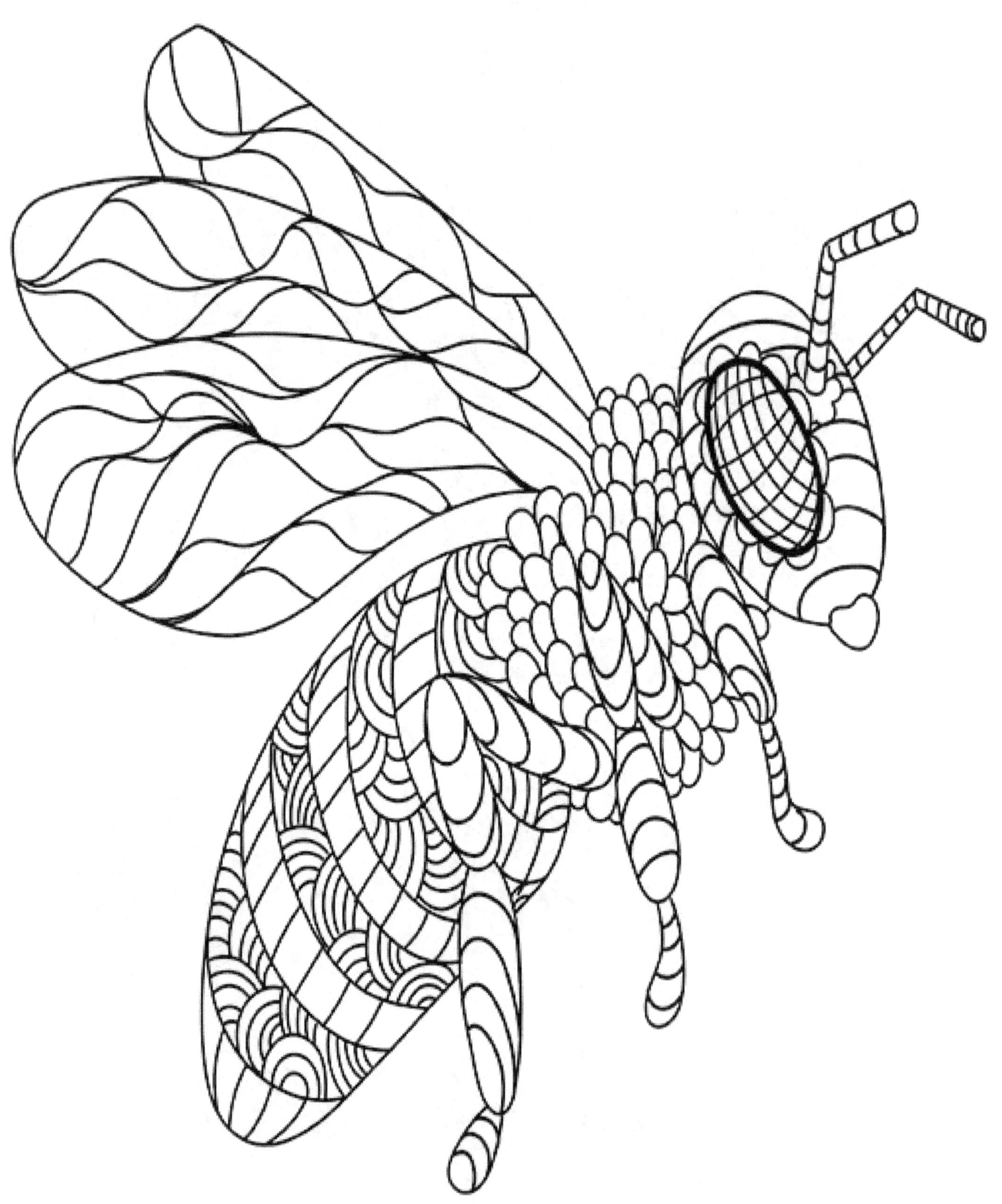

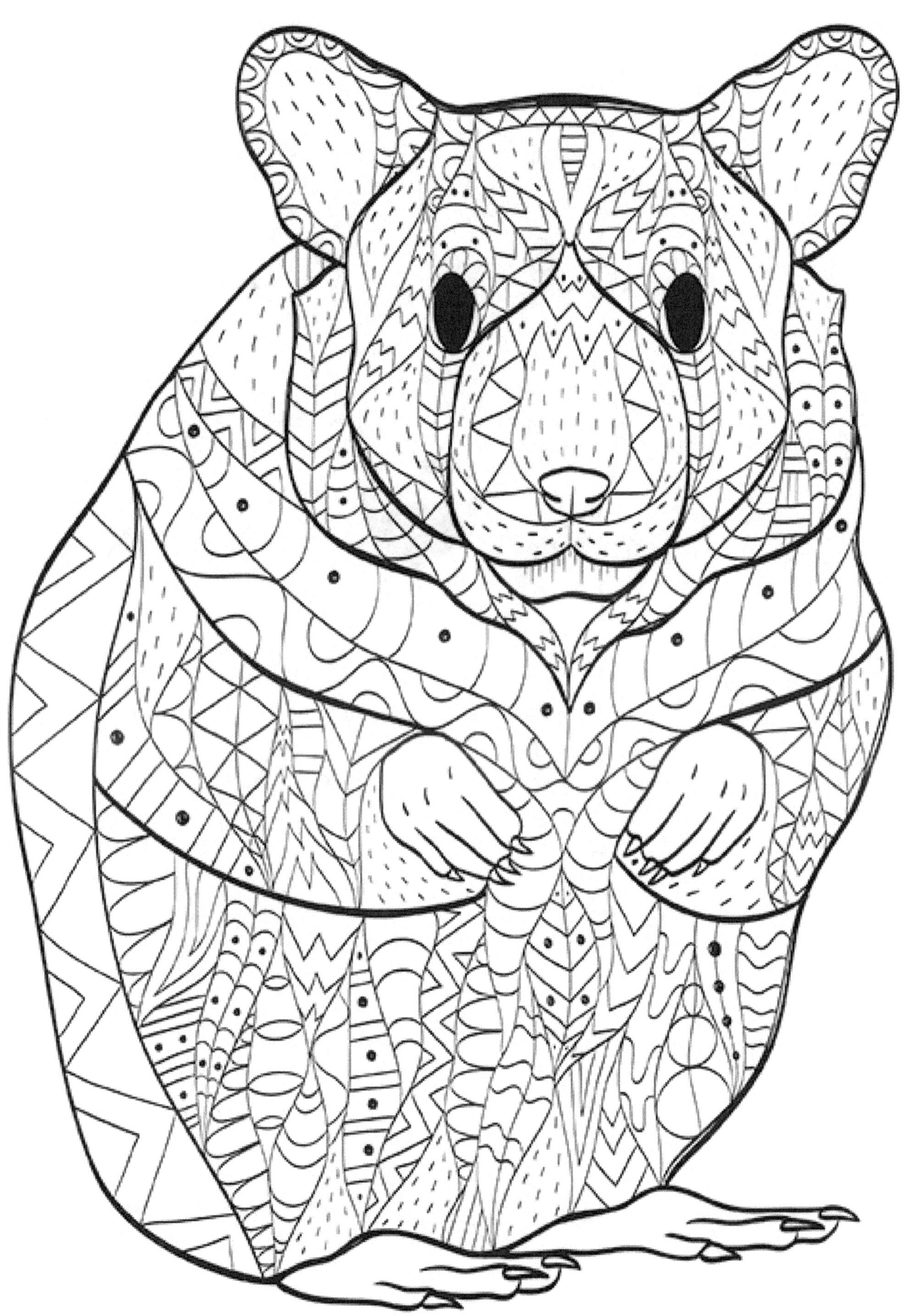

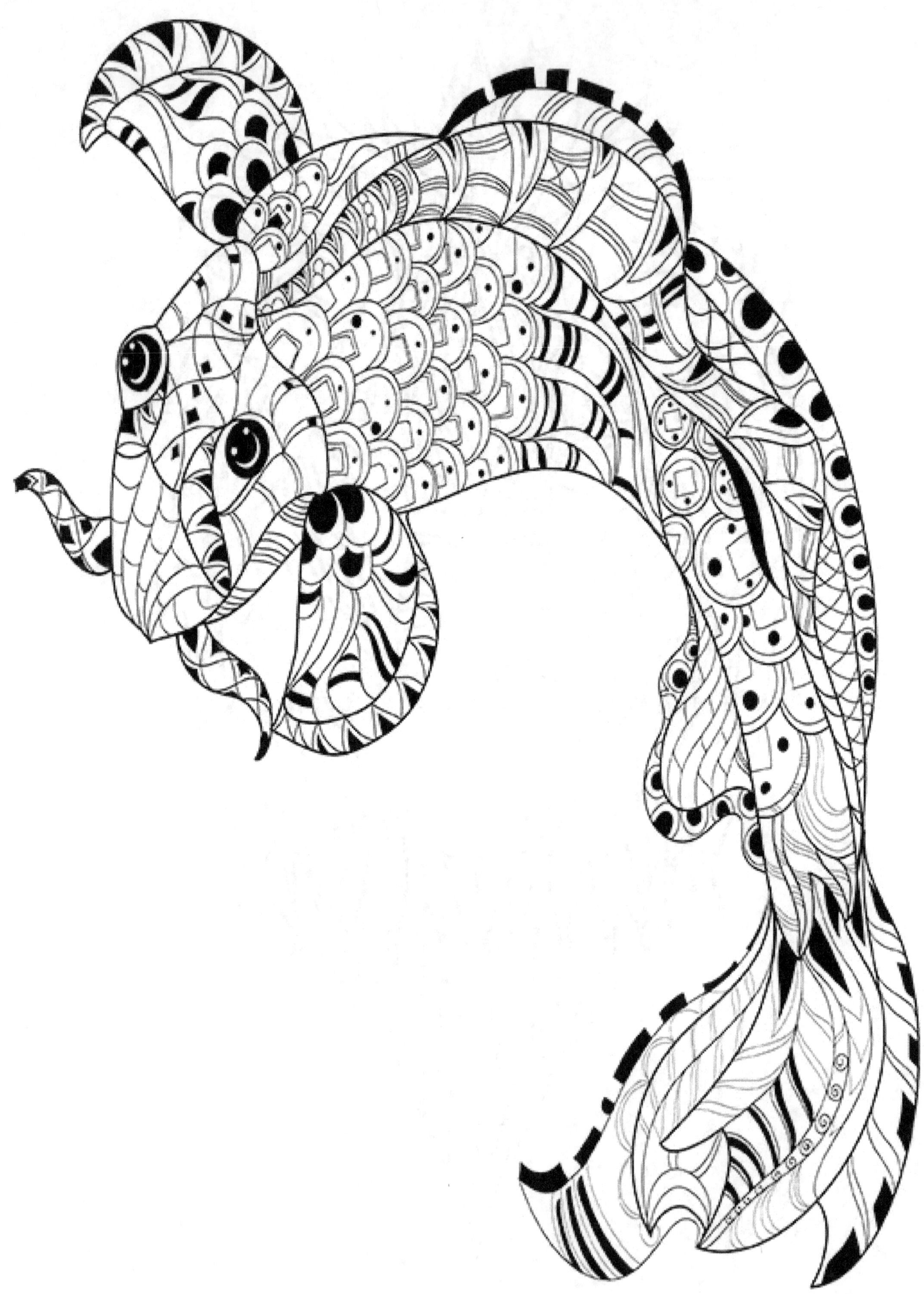

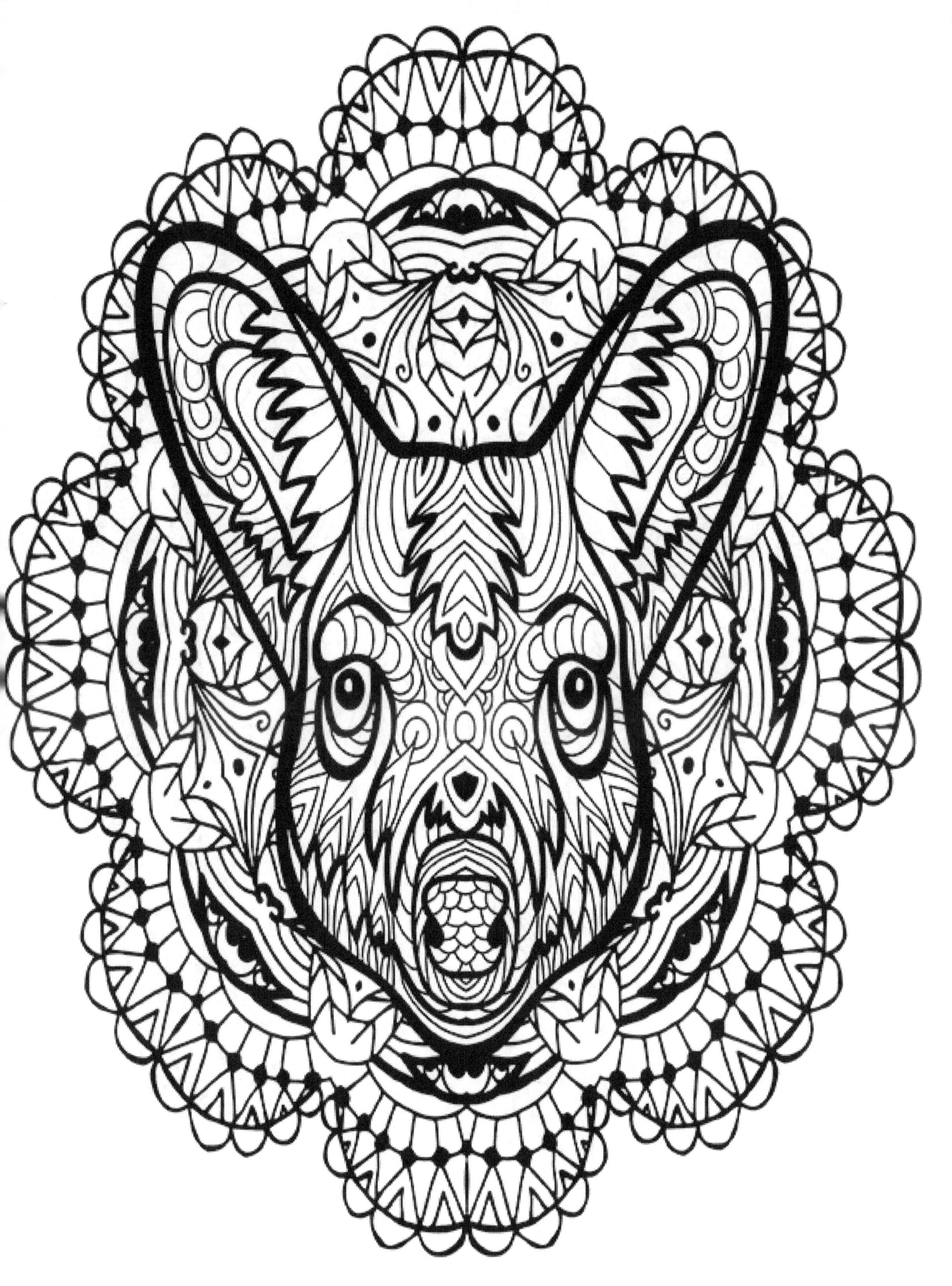

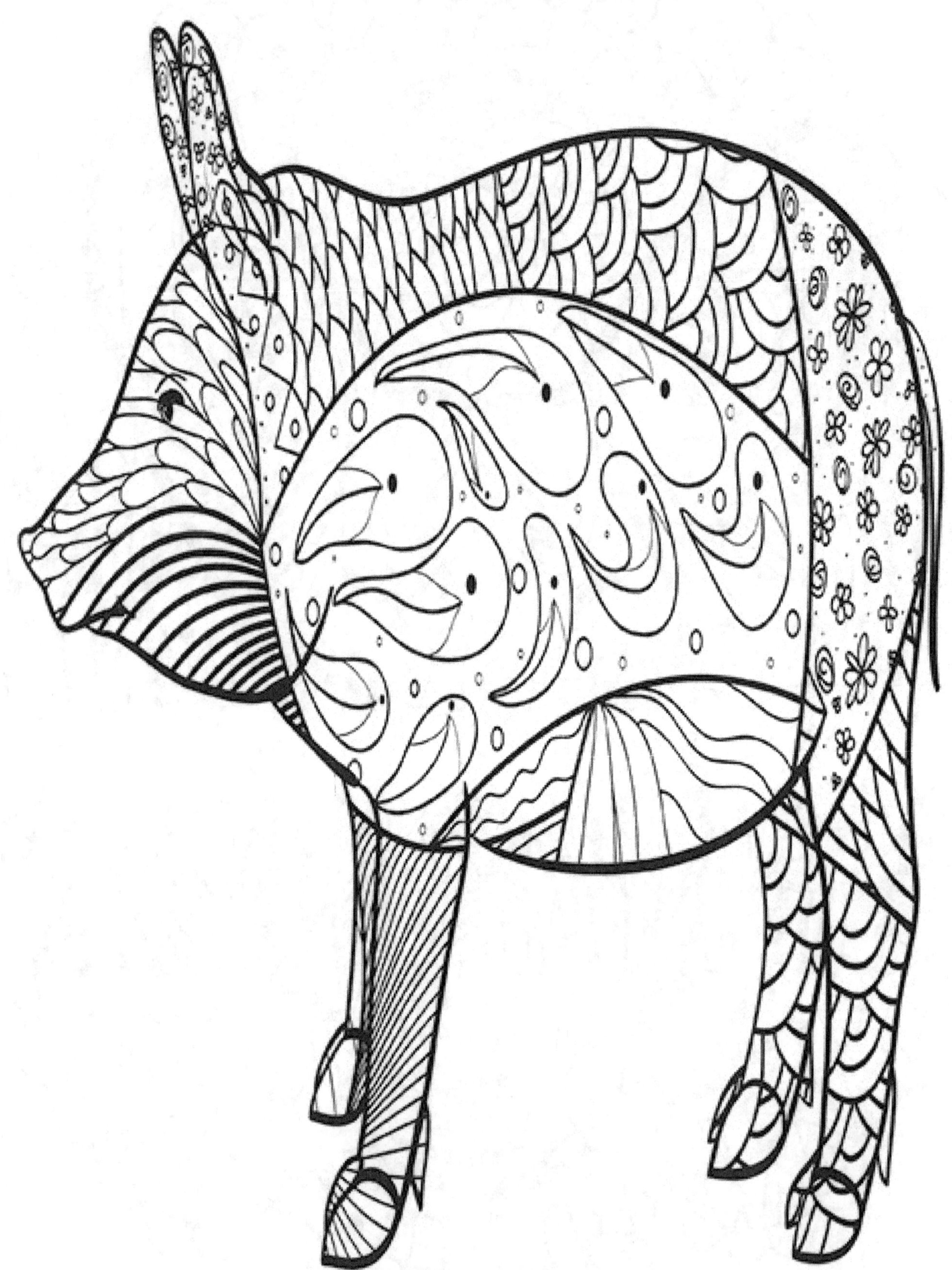

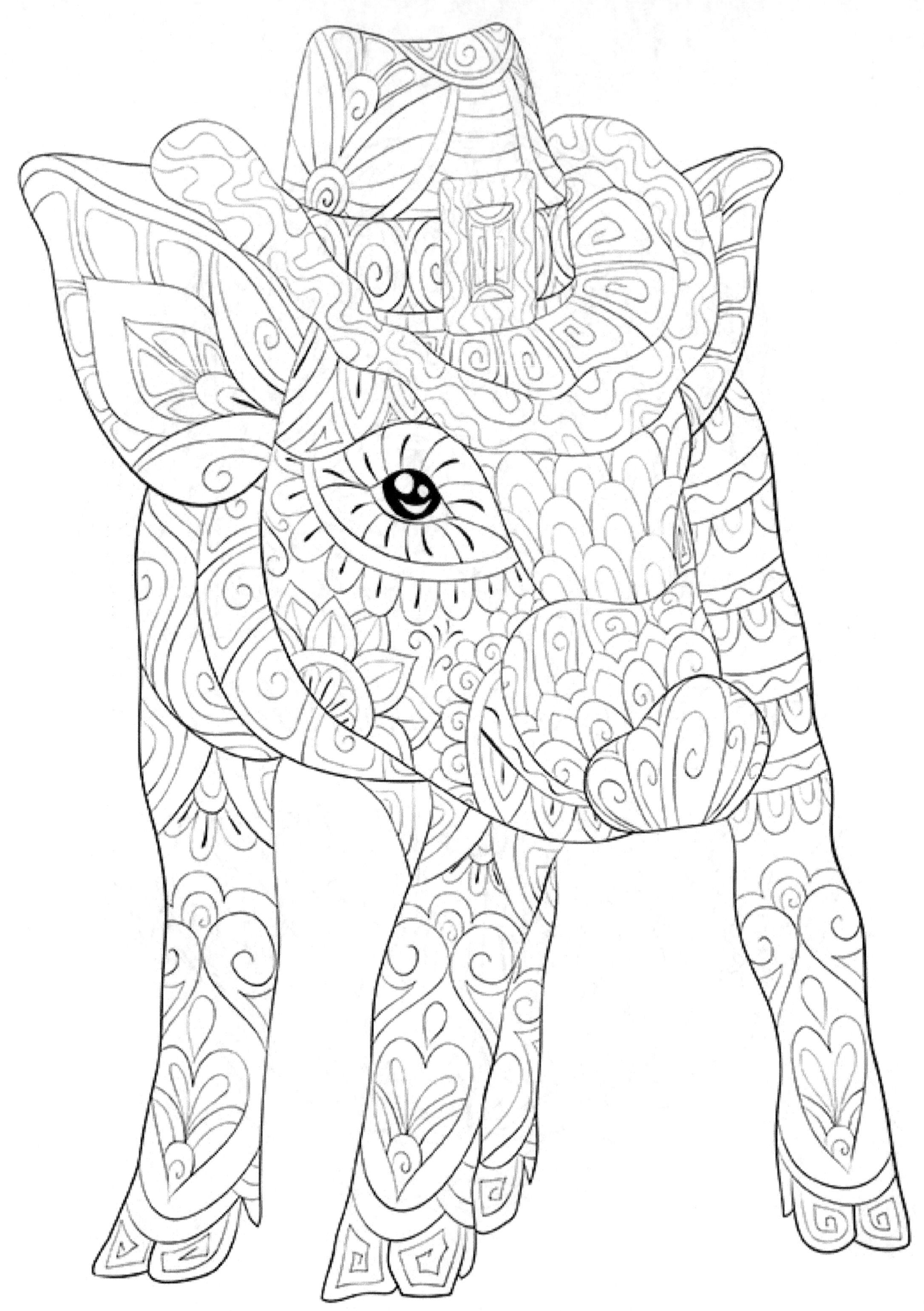

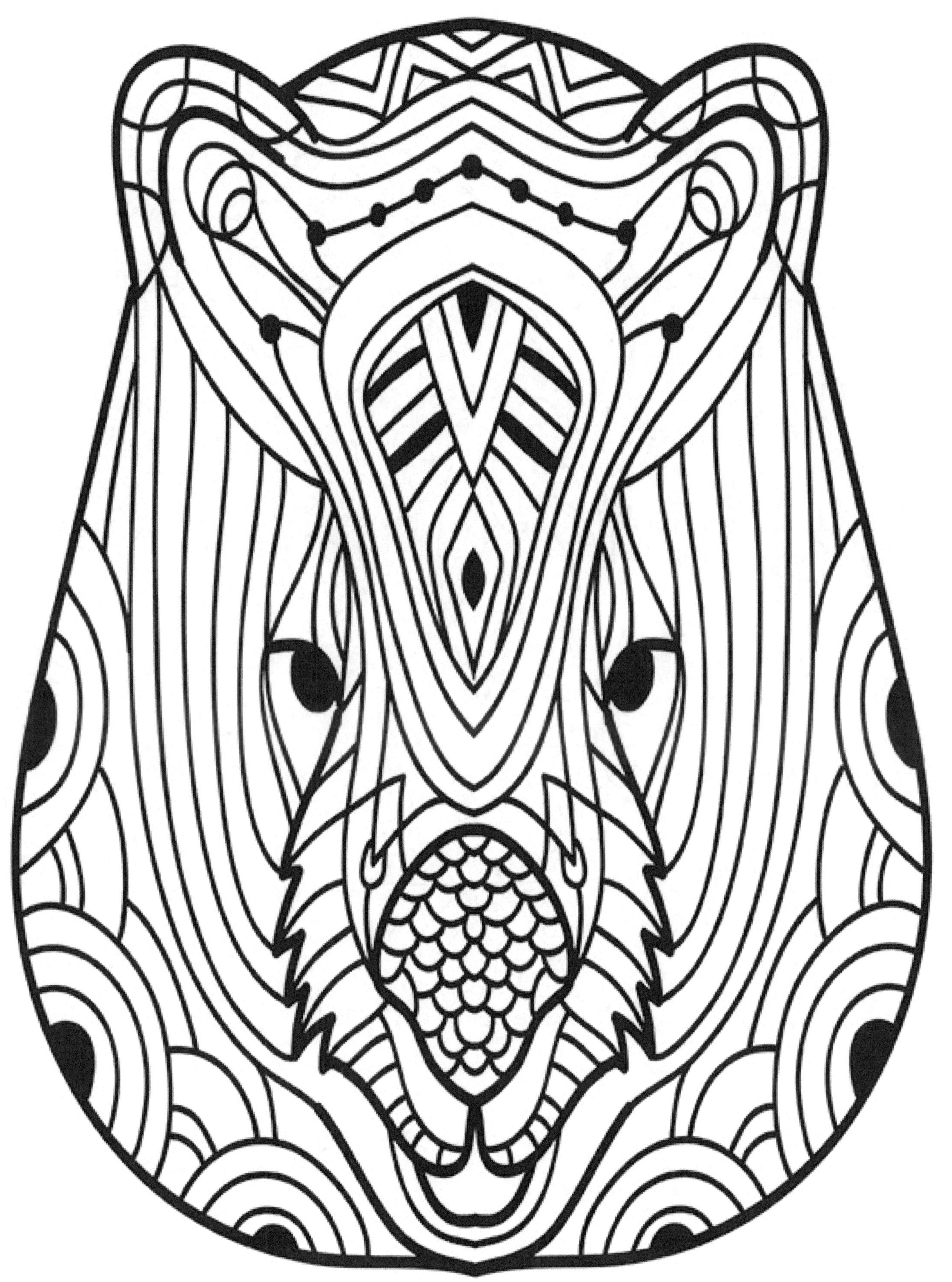